SOCIÉTÉ GÉNÉRALE DES PRISONS

M. DUFAURE

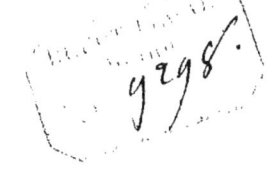

PARIS
IMPRIMERIE CHAIX
IMPRIMERIE ET LIBRAIRIE CENTRALES DES CHEMINS DE FER
SOCIÉTÉ ANONYME
Rue Bergère, 20, près du boulevard Montmartre
1881

SOCIÉTÉ GÉNÉRALE DES PRISONS

M. DUFAURE

Il y a quelques mois, s'éteignait, à Rueil, un homme illustre, bien des fois investi, depuis quarante ans, des plus hautes charges.

Par l'étendue de son savoir, son expérience consommée des affaires publiques, la direction libérale de son esprit, l'indépendance de son caractère, l'autorité d'une parole vigoureuse, puissante, par son infatigable ardeur au travail, M. Dufaure s'était fait, dès le début de sa carrière, une place éminente, aux premiers rangs du parlement et du barreau.

Son inaltérable dévouement aux principes sur lesquels repose l'existence des peuples, l'austérité de sa vie, tout en lui commandait le respect: les vertus de l'homme privé l'avaient élevé plus haut que n'avaient pu le faire les travaux et les honneurs.

Ses méditations lui rendaient familiers tous les problèmes qui intéressent l'organisation sociale ; il n'en est guère à l'examen desquels son nom ne soit attaché.

Les vices du régime pénitentiaire l'avaient dès longtemps attristé; soit dans les assemblées publiques, soit à la chancellerie, il s'était fréquemment appliqué à seconder le mouvement de réforme, inauguré dès le commencement de ce siècle, interrompu et repris plusieurs fois, qui lui paraissait exiger le concours « de tous les esprits soucieux de l'honneur et de la sécurité du pays ». Effrayé des périls dont l'impuissance du système actuel de répresssion et les progrès croissants de la récidive menacent la société, il déplorait « que l'opinion publique se détournât de ce redoutable sujet. »

Aussi, lorsqu'en 1877, la *Société générale des Prisons* fut reconstituée, à Paris, nul ne parut mieux appelé que le vénérable homme d'Etat à diriger, le premier, ses travaux. « C'est à l'opinion publique, dit-il, que notre Société doit parler ; c'est pour émouvoir l'opinion publique, passive et indolente, qu'elle a été créée ; c'est à cette grande puissance qui, même sous Louis XIV, était proclamée par Pascal la reine du monde, — Pascal ajoutait que la force en était le tyran, — c'est à cette grande puissance que notre Société doit s'adresser. Elle dort souvent en France, cette utile auxiliaire ; on la cherche et on ne la trouve pas. Quelquefois elle s'attache à des projets frivoles ; souvent aussi, dans sa mobilité, au moment où l'on croit qu'elle va triompher, elle fuit et disparaît ; mais nous espérons obtenir un meilleur résultat et sur un objet si important, si essentiel, d'un si grand intérêt social, il est impossible que nous ne parvenions pas à émouvoir l'opinion publique et à trouver près d'elle une force qui profite, à la fois, à l'administration et à nous. »

Redevenu Garde des sceaux, il conserva les fonctions de président de notre Société et lui continua cette sollicitude patiente, assidue, qu'il savait mettre au service des œuvres d'amélioration morale : il se plaisait à suivre les phases de son développement et à lui accorder une cordiale protection.

Président honoraire depuis deux ans, M. Dufaure nous témoignait, il y a un mois encore, par l'intérêt avec lequel il s'informait du résultat de nos efforts, sa vive sympathie. — A plusieurs reprises, de concert avec des collègues dévoués, il déposa sur le bureau du Sénat des propositions de loi élaborées au sein de la Société. — Au mois de décembre 1879, il avait dit : « Plein de confiance dans son avenir, j'espère qu'elle ne se laissera envahir ni par la lassitude et le découragement qui ruinent, en peu de temps, les entreprises le mieux conçues, ni par les folles intolérances de la politique. »

Les conseils de M. Dufaure, ses confiantes paroles vivront dans les souvenirs de notre gratitude.

Les préoccupations du jurisconsulte, de l'homme d'État ne l'avaient pas seules attiré vers ce sujet d'étude. Il y avait en lui un sentiment si délicat, si profond de la dignité humaine qu'il souffrait de l'abandon dans lequel sont laissés tant d'êtres déchus. Il avait éprouvé le charme secret, inséparable de l'effort accompli vers le relèvement d'une âme, celui qui, sous des dehors froids et sévères, possédait un cœur capable de tous les dévouements, ouvert même à la plus exquise tendresse...

Sincèrement attaché aux principes religieux qui, après avoir été, durant sa laborieuse carrière, l'un de ses principaux éléments de force, ont consolé et rendu si sereins ses derniers jours, M. Dufaure n'avait cessé d'affirmer l'inestimable efficacité de ce principes pour aider l'œuvre pénitentiaire à atteindre son but.

La Société générale a suivi, avec douleur, les progrès de la maladie qui a enlevé à la France un citoyen illustre, — à l'amitié, un guide indulgent et sûr, — à la famille le meilleur des pères. Représentée par son Conseil de direction, après s'être inclinée, à Rueil, devant la dépouille mortelle de ce grand homme de bien, elle salue ici sa mémoire d'un hommage suprême de reconnaissance et de respect !

Ceux-là comprendront la sincérité de cet hommage et l'étendue de nos regrets, qui reliront les pages suivantes dans lesquelles M. Dufaure avait, au début de nos travaux, si nettement précisé leur caractère et leur but.

EXTRAIT

DU

PROCÈS-VERBAL DE LA SÉANCE

Du 27 Juin 1877.

M. Dufaure, Président de la Société, déclare la séance ouverte et s'exprime en ces termes.

MESSIEURS,

En prenant le fauteuil auquel vos suffrages m'ont appelé, mon premier devoir est de vous exprimer ma très sincère et très vive reconnaissance pour l'honneur que vous m'avez fait. J'ai un second devoir à remplir : je veux vous répéter ce que j'ai dit à ceux de nos honorables collègues qui, les premiers, m'ont offert la présidence : ce n'était pas à moi qu'elle revenait. Je n'ai d'autre mérite que d'avoir depuis longtemps compris le mal auquel vous voulez porter remède, et d'avoir accompagné de mes vœux les plus ardents ceux qui, dans différentes occasions, ont cherché à obtenir de la législature des lois qui pussent le réprimer. Mais dans notre dernière Assemblée, dans l'administration, dans l'Institut, il s'est trouvé des hommes qui se sont attachés courageusement, avec énergie et persévérance, à ce grand travail de corriger, par la législation ou par l'administration, une plaie sociale qui était trop évidente et qui durait depuis trop longtemps. Je leur ai dit : C'est à l'un de vous que revient l'honneur de diriger les travaux de la Société que nous fondons. J'ai fait mes efforts pour les convaincre; je n'y ai pas réussi; j'ai été obligé de céder. Mais, Messieurs, il n'en sera ni plus ni moins, car je m'inspirerai en toute occasion et de leurs idées et de leurs conseils; seulement on m'attribuera quelque honneur pour le bien qui leur sera dû, et je demande que cette injustice que je devrai à leur bienveillance et à la vôtre, ne porte pas préjudice à la Société que nous entreprenons de former.

Nous n'avons pas la prétention d'être des créateurs. L'œuvre à laquelle nous nous vouons est commencée depuis longtemps en France; et j'aime à réunir les deux idées de *répression pénitentiaire* et de *gouvernement parlementaire* : c'est à l'origine de ce gouvernement que les premières idées sur la nécessité de corriger par la répression, et de joindre l'amendement à l'expiation, ont été jetées en circulation parmi nous.

Permettez-moi, Messieurs, de mettre sous vos yeux une ordonnance que, trois mois après avoir promulgué la Charte, le roi Louis XVIII, prince libéral et éclairé, et qui avait profité de son séjour en Angleterre, rendit relativement aux jeunes détenus :

« Nous étant fait rendre compte, — disait-il à la date du 18 août 1814, — nous étant fait rendre compte de la situation dans laquelle se trouvent les jeunes gens condamnés par notre Cour royale du département de la Seine; sachant que, répartis dans plusieurs des prisons de notre bonne ville de Paris, ils sont confondus avec des coupables vieillis dans le crime; que ces prisons n'offrent point encore les distributions nécessaires pour opérer les séparations convenables entre les différents genres de délits, objet que nous nous proposons d'atteindre; considérant que ces jeunes condamnés, plus susceptibles que les autres de reconnaître leur erreur et de mériter de rentrer dans la société non seulement sans danger, mais en étant dignes d'y reprendre un rang, doivent être l'objet de notre sollicitude ; que dans les établissements où ils sont disséminés et réunis à d'autres condamnés, ils se trouvent privés des moyens les plus propres à obtenir leur amendement; qu'ils y sont soumis à une discipline et à un régime qui ne les rapprochent point de ce but; qu'ils n'y reçoivent aucune instruction, quelquefois ils y sont sans travail.

» Avons ordonné et ordonnons ce qui suit : »

Suit toute une ordonnance relative à cent jeunes condamnés, auxquels on appliquera des mesures nouvelles prescrites par l'ordonnance même.

Cette première ordonnance fut remplacée, quelques jours après, à la date du 9 septembre, par une seconde, dont je vous lis également le préambule :

« Voulant établir, dans les prisons de notre royaume, un

régime qui, propre à corriger les habitudes vicieuses des criminels condamnés aux fers par sentences des Tribunaux, les prépare, par l'ordre, le travail et les instructions religieuses et morales, à devenir des citoyens paisibles et utiles à la société, quand ils devront recouvrer leur liberté ; et, voulant assurer le succès de cet établissement général que nous nous proposons, par un essai qui ne laisse à l'avenir aucune incertitude sur l'ensemble et les détails de l'administration de ces maisons, nous avons ordonné et ordonnons ce qui suit : »

Ainsi, c'était un essai du régime pénitentiaire que le roi Louis XVIII voulait faire. Après avoir indiqué les fonctionnaires auxquels il confiera le soin de réaliser ses intentions, pour relever le caractère de son entreprise, il décide par l'article 3 de l'ordonnance, que :

« Ces différents emplois, dont l'humanité et la libéralité de sentiments peuvent seuls faire consentir à accepter les fonctions, sont gratuits. »

Et, par suite, sont nommés « directeur de l'établissement pénitentiaire le duc de Larochefoucault, pair de France, et directeur-adjoint le baron Delessert, l'un des administrateurs généraux de notre bonne ville de Paris ».

J'ai tenu, Messieurs, à vous montrer l'origine de toutes les idées qui, depuis, sont devenues le sujet d'études approfondies, et dont quelques-unes ont été réalisées parmi nous.

Quelles ont été les suites de ces premiers essais ? Quelle exécution ont-ils pu recevoir au milieu des circonstances troublées qui ont suivi les premiers temps de la Restauration ? Quelle application a-t-on pu faire de ces idées, qui étaient toutes contenues dans les préambules que je viens de vous lire : séparation, éducation, travail, amendement des condamnés ?

Messieurs, je ne répondrai pas à ces questions : le travail a été fait à votre dernière réunion. L'honorable doyen de cette assemblée s'est chargé de vous présenter le récit complet, le bilan, l'inventaire de tout ce qui a été fait jusqu'à l'époque où nous parlons. Il a pris l'idée de l'amendement à son origine ; il a montré comment elle ne pouvait être conciliable qu'avec la détention temporaire ; il a constaté comment, peu à peu, elle s'était étendue, comment elle avait été propagée, les obstacles qu'elle avait rencontrés, l'assentiment qu'elle avait recueilli de la part de quelques-uns des plus grands esprits de notre époque.

Il a tout dit : les résultats qui ont été obtenus et les lacunes qui restent encore à combler.

Après cet exposé impartial et sûr, fait par un des ouvriers de la première heure, je me garderai bien, Messieurs, de chercher à le recommencer. Seulement je m'imagine, — j'avais le malheur de n'être pas présent à votre séance, — je m'imagine, dis-je, que lorsque l'honorable M. Charles Lucas vous racontait la suite de ces idées utiles successivement émises, les unes réalisées, les autres encore à réaliser, il lui était impossible de ne pas éprouver une joie intérieure, en voyant peu à peu accueillis par la pratique et justifiés par les résultats attendus, des projets dont lui-même avait été le premier initiateur! Heureux, en effet, Messieurs, celui qui peut persévérer dans les convictions de la jeunesse et qui, arrivé à un âge avancé, voit en pratique, pour le bien de son pays, les progrès qu'il avait rêvés et provoqués! (*Très bien! très bien!*)

Le gouvernement parlementaire est contemporain des premières idées relatives au régime pénitentiaire; c'est encore au milieu du gouvernement parlementaire que la question s'est réveillée parmi nous dans ces dernières années. C'est au sein de l'Assemblée nationale que quelques-uns des membres de cette Société ont pris courageusement l'initiative de cette question, l'ont poursuivie hardiment, et sont arrivés aux résultats que l'on a pu obtenir.

L'Assemblée nationale sera jugée par l'histoire : je crois, quant à moi, qu'on lui saura gré de bien des choses qu'elle a faites pendant cinq ans; on observera surtout avec quelle fermeté, au milieu d'obstacles sans nombre, elle a pu arriver à sa fin, au but qu'elle s'était proposé dès le premier jour de son existence et on lui saura gré assurément d'avoir laissé à notre pays, lorsqu'elle s'est retirée, des institutions sages, modérées, d'une haute portée politique en même temps que d'une exécution facile; certainement l'histoire lui en tiendra compte et ces institutions, je l'espère, la France saura les conserver.

On comptera aussi, parmi les services rendus par cette Assemblée, l'accueil qu'elle a fait aux projets de réforme pénitentiaire, la grande enquête qu'elle a instituée, et, enfin, le commencement de législation très heureusement combinée qu'elle nous a laissé.

C'est de ces débats parlementaires, Messieurs, qu'est née notre Société, ce sont les inspirations qui en étaient sorties qui ont donné à nos honorables fondateurs l'idée de créer la Société actuelle. Ils avaient été membres de toutes les commissions de l'Assemblée nationale ; ils avaient concouru à tous ses travaux ; ils avaient été pour une grande part dans son œuvre, et je ne m'étonne pas qu'ils aient senti le besoin de la continuer encore en organisant la Société actuelle.

Ils savaient pourtant qu'il y avait dans un de nos ministères, au ministère de l'intérieur, une direction d'administration pénitentiaire qui, sous la conduite d'un directeur intelligent et zélé, gouvernait tous les établissements destinés, en France, à la répression pénale. Ils savaient que la même surveillance était exercée, au ministère de la marine, sur des établissements de même nature, mais lointains. Ils n'ignoraient pas que le ministre de la justice est fortement intéressé à savoir comment sont appliquées les peines que les tribunaux ont prononcées ; que tantôt il en est instruit par les rapports, trop concis, des présidents d'assises, et que, d'autres fois, quand il le veut, il est instruit par les rapports plus développés que les chefs des parquets de cours sont chargés de lui faire. Ils savaient encore qu'à côté de l'administration du ministère de l'intérieur se trouve un Conseil supérieur fortement composé, chargé de veiller à l'exécution des lois, de répondre à toutes les questions relatives au régime pénitentiaire que le ministre peut lui soumettre, et enfin même d'exposer au ministre ses propres vues.

Néanmoins ils ont cru qu'il y avait encore quelque chose à faire ; ils se sont dit qu'une Société libre pouvait ajouter quelque chose à ce que faisait une administration régulière bien organisée, observatrice scrupuleuse des lois et de ses règlements. Ils ont cru que, dans une Société libre, il y aurait plus d'élan, plus d'ardeur, vers les innovations utiles ; qu'elle ne serait pas une rivale, mais qu'elle serait une auxiliaire indépendante de l'administration publique ; et c'est dans ce sens et avec ces intentions qu'ils l'ont créée.

Ils l'ont créée, et, pour l'aider, ils ont voulu s'adresser à une grande puissance: ils l'on dit en terme formels, et voici, si vous me permettez de les relire, les observations qu'ils ont inscrites dans un imprimé qui nous a été distribué à tous :

« L'opinion publique se préoccupe-t-elle, comme il conviendrait, du régime de nos établissements pénitentiaires et des améliorations qu'il réclame impérieusement ?

» Est-elle suffisamment éclairée sur les conséquences de la situation actuelle?

» Sait-elle en quel triste état moral les libérés sont aujourd'hui restitués à la société?

» Se souvient-elle que, dans nos troubles civils, ces hommes constituent invariablement les principales recrues des forces insurrectionnelles?

» Se dit-elle que chaque année nos établissements pénitentiaires rendent à la liberté près de 150,000 individus condamnés dont la moitié environ ne tarde pas à revenir en prison?

» A ces questions on peut répondre hardiment : non, non, l'opinion publique ne porte pas ses préoccupations de ce côté : elle se détourne de ce redoutable sujet. Elle s'en émeut parfois, au lendemain de quelque catastrophe ou à la suite d'un éloquent débat législatif, mais elle n'y revient pas, elle n'en est pas occupée, pénétrée. Et c'est ainsi que s'expliquent les difficultés, souvent insurmontables, que rencontrent au sein des Assemblées délibérantes les promoteurs des plus nécessaires et des plus fécondes réformes pénitentiaires. »

C'est donc à l'opinion publique que notre Société doit parler; c'est pour émouvoir l'opinion publique passive et indolente qu'elle a été créée ; c'est à cette grande puissance qui, même sous Louis XIV, était proclamée par Pascal la reine du monde, — Pascal ajoutait que la force en était le tyran, — c'est à cette grande puissance que notre Société doit s'adresser. Elle dort souvent en France, cette utile auxiliaire ; on la cherche et on ne la trouve pas. Quelquefois elle s'attache à des projets frivoles ; souvent aussi, dans sa mobilité, au moment où l'on croit qu'elle va triompher, elle fuit et disparait ; mais enfin, Messieurs, nous espérons obtenir un meilleur résultat, et sur un objet si important, si essentiel, d'un si grand intérêt social, il est impossible que nous ne parvenions pas à émouvoir l'opinion publique et à trouver près d'elle une force qui profite à la fois à l'administration publique et à nous.

Lorsque je considère tous les hommes qui ont bien voulu participer aux travaux de cette Société que vous avez créée, spontanément et avec empressement, je ne puis pas croire que l'œuvre que nous entreprenons soit au-dessus de leur force. C'est une véritable agitation salutaire et féconde, renfermée dans le sujet pour lequel nous nous réunissons, que nous voulons produire dans notre pays. Eh bien! ne nous décourageons pas ; entreprenons hardiment cette œuvre.

D'ailleurs, permettez-moi de le dire : indépendamment du grand bien que vous pouvez faire, le sujet par lui-même présente assez d'attraits pour attirer et séduire des esprits élevés et sérieux.

Comment, Messieurs, il s'agit d'une étude approfondie sur le droit de punir de la société, sur l'étendue qu'il peut et doit avoir, sur les tempéraments qui doivent y être apportés, sur les désordres que le crime peut jeter dans l'âme humaine, sur les moyens de le corriger, sur les dangers qui peuvent l'aggraver, que sais-je?... Le sujet est assez large, assez vaste, pour que chacun de vous en comprenne toute l'étendue, et ne recule pas devant l'attrait qu'il peut avoir. Et si j'avais besoin de montrer ce que ces études ont d'attrayant, je vous demanderais la permission de le faire par deux exemples.

Vous avez entendu l'autre jour un publiciste, un philosophe, vous exposer toutes les études qui ont été faites sur la répression pénale depuis cinquante ans.

Il y a cinquante ans, en effet, qu'il obtenait d'une Société, — j'ai oublié laquelle, — une récompense éclatante pour un ouvrage sur la répression pénale. A la même époque, son ouvrage donnait lieu à un travail remarquable de M. le duc Victor de Broglie, sur le droit de punir appartenant à la société.

Depuis, et pour entrer intimement dans son sujet, il a consenti à faire partie de l'inspection de l'intérieur, afin d'étudier jusque dans les derniers détails l'administration répressive ; plus tard, et même retiré chez lui, il a fondé dans sa campagne un établissement de jeunes détenus pour étudier de nouveau, pour s'occuper encore de ce sujet, qui avait été l'occupation de toute sa vie ; enfin il venait l'autre jour vous en parler avec une ardeur juvénile, avec l'enthousiasme de ses premières années.

Ne faut-il pas qu'il y ait quelque chose de passionnant, d'attrayant dans les études de cette nature?

Quant à l'autre exemple, j'ai connu, Messieurs, dans mes premières années, déjà bien lointaines, un homme qui a été successivement l'honneur des deux Chambres de la monarchie de juillet, la Chambre des députés et la Chambre des pairs ; qui, au milieu de ses vastes connaissances sur le droit criminel et pénal, s'est attaché particulièrement à la question qui vous occupe : la répression pénitentiaire ; il y a consacré bien des rapports et bien des travaux justement estimés. Cet homme, nous ne l'avons plus parmi nous ; mais son fils est venu dans nos assemblées législatives continuer les travaux de son père ; il a reçu cette gloire, ces études, ces travaux comme un héritage paternel, et je puis dire, maintenant, qu'il défend cet héritage avec le même zèle et la même considération dont son père était entouré. *(Applaudissements)*.

Voilà les deux exemples que j'ai à vous donner. Je crois qu'ils doivent encourager chacun de nous dans le travail que nous entreprenons aujourd'hui.

Je viens, Messieurs, d'en poser la première pierre. C'est là mon rôle modeste. Quant à vous, vos efforts réunis et persévérants doivent peu à peu élever un édifice qui honorera et qui servira notre pays. *(Longs applaudissements.)*

SOCIÉTÉ MÉDICALE DES HOPITAUX DE PA[RIS]

DISCOURS

Prononcé aux obsèques

DE M. LE PROFESSEUR J. BÉH[IER]

MÉDECIN DE L'HOTEL-DIEU

PAR

Le docteur Henry LIOUVILLE

Médecin des Hôpitaux

10 Mai 1876

PARIS

DISCOURS

Prononcé aux obsèques

DE M. LE PROFESSEUR J. BÉHIER

MÉDECIN DE L'HOTEL-DIEU

PAR

Le Docteur Henry LIOUVILLE

Médecin des Hôpitaux

———+<><><>+———

10 Mai 1876

OBSÈQUES DE M. LE PROFESSEUR BÉHIER

Les obsèques de M. le professeur Béhier ont eu lieu mercredi 19 mai 1876. Un nombre considérable de médecins et d'étudiants, parmi lesquels beaucoup d'élèves du Val-de-Grâce, s'étaient empressés de venir rendre un dernier hommage à leur ancien maître. La Faculté de médecine avec son doyen, M. Vulpian ; des députations et le bureau de l'Académie, de la Société médicale des hôpitaux, de la Société de médecine légale, du personnel administratif; M. Du Mesnil, représentant M. le Ministre de l'instruction publique; M. de Nervaux, directeur général de l'assistance; M. Henri Roger, représentant l'association générale de médecine, etc. etc..., marchaient en tête du cortége, tenant les cordons du poêle.

Des discours ont été prononcés par M. le professeur Hardy, au nom de la Faculté de médecine; par M. Laboulbène, au nom de l'Académie; par M. Liouville au nom de la Société médicale des hôpitaux, et par M. Chaudé, au nom de la Société de médecine légale dont M. Béhier avait été l'un des principaux fondateurs et le président.

Nous reproduisons le discours de M. le docteur Liouville :

MESSIEURS,

La Société médicale des hôpitaux de Paris devait vivement ressentir la perte de l'un de ses membres les plus éminents, de l'un de ses anciens présidents. Des voix justement autorisées eussent certainement porté la parole en son nom, si elle n'avait pensé que l'expression de sa douleur traduite ici par un des élèves du Maître que nous pleurons, témoignerait peut-être mieux de cette union touchante des sentiments affectueux qui s'établissent constamment entre le guide et le disciple.

dans la vie de dévouement, de soins et d'enseignement qui s'écoule à l'hôpital, et qui est la vie quotidienne de chaque médecin.

La Société a choisi le dernier nommé parmi ses membres pour bien montrer qu'à défaut de titres, elle lui demandait de dire avec son cœur, ce que fut M. Béhier durant ses laborieuses fonctions hospitalières, ce qu'il fut vis-à-vis de ses malades et vis-à-vis des élèves qui font partie de la grande famille mécicale.

C'est avec l'Internat en 1834, à 21 ans, que M. Béhier commence l'apprentissage de cette responsabilité qui apparaît si lourde aux esprits consciencieux et qui commande tant de labeurs pour rester au niveau de la grande mission confiée.

Élève affectionné de Biett, disciple respectueux et admirateur d'Andral, il se forme vite, sous ces grands maîtres, à l'observation et à la pratique, et en 1844, il est nommé à son second concours, médecin du Bureau central.

C'est à ce titre qu'il prend rang dans la Société médicale.

Dès lors son esprit toujours investigateur peut s'ouvrir, avec sa propre initiative, à toute idée nouvelle, à toute tentative thérapeutique, non qu'il aille vers elles poussé par le désir du bruit ou de la nouveauté.

C'est plutôt son tempérament actif, son esprit essentiellement progressiste, qui ont besoin de s'alimenter sans cesse, et qui ont soif de discussions, de recherches et de lumière.

Il est si vivant — et d'une allure si franche, qu'il déploie, dans la résistance même à des idées qu'il prônera plus tard, une ardeur qui surprend au premier abord, et qui ferait croire que rien n'ébranlera plus cette conviction ! — Cependant, quand l'examen plus approfondi des faits a décelé la vérité, c'est ce même esprit honnête qui la proclame et le premier et le plus haut !

Suivant son expression familière, pour lui comme du reste aussi pour son cher prédécesseur Grisolle, devant les théories *le protocole doit toujours rester ouvert;* et voilà l'un des secrets de la marche ascendante de l'esprit scientifique de M. Béhier !

Aussi son service d'hôpital présentait-il un intérêt toujours nouveau, et était-il très-recherché par les élèves et par les docteurs français et étrangers. Soit comme contrôle, soit comme expérimentation, tout y était en effet examiné avec le plus grand soin, et bien des progrès utiles aux malades lui sont dus, conçus, patronnés ou vulgarisés par lui.

De chacun des hôpitaux dans lesquels il a passé, et des discussions animées, quelquefois même passionnées qu'il soutint devant la Société médicale, sont ainsi successivement sorties des tentatives thérapeutiques toujours fécondes.

On les a crues parfois audacieuses; elles n'ont jamais cependant été imprudentes — et au nom de M. Béhier resteront attachées, pour la part heureuse qu'il y a prise, de véritables découvertes parmi lesquelles il faut signaler en première ligne cette grande *Méthode des injections médicamenteuses sous-cutanées,* qu'il a vulgarisée sur le continent, et qui, malgré ses abus, est à coup sûr l'arme la plus puissante et la plus simple dont le médecin dispose contre la douleur.

Viennent ensuite *l'application continue du froid humide dans les affections abdominales* et *notamment dans la péritonite; l'emploi de l'alcool* dans les phlegmasies aiguës; *l'usage de la thoracenthèse* comme moyen de traitement des épanchements pleurétiques récents; plus tard, dans ces mêmes salles de l'Hôtel-Dieu où il continuait l'enseignement de Trousseau, M. Béhier devait en signalant ses contre-indications, conseiller cette ponction de la poitrine, même dans le cas d'épanchements pleurétiques peu abondants.

Enfin chacun sait combien mettant récemment à profit pour

la Clinique, les données précieuses fournies par les procédés d'examen au moyen du thermomètre, du microscope et des appareils de numération des globules du sang, M. Béhier a apporté son précieux tribut à la question de la *transfusion* chez l'homme et à celle des *bains froids* dans la fièvre typhoïde et la forme cérébrale du rhumatisme.

Messieurs, — quelle activité prodigieuse représente tout ce labeur ! et je n'ai dû effleurer ici que les points principaux ! Quelle facilité d'adaptation et de transformation intellectuelles ! quelle confiance en son art ! et on peut dire, quel courage également !

Aussi bien devons-nous toujours honorer ceux qui, arrrivés au sommet de la profession, loin de résister aux idées nouvelles, savent les reconnaître, se mettre à leur tête et en diriger la marche.

Ce rôle incombait, du reste. justement aux maîtres de la génération de M. Béhier, qui se trouvaient placés, en effet, entre les conquêtes solides de la tradition qu'il ne fallait point compromettre et les espérances légitimes cependant, que devaient faire concevoir des procédés nouveaux perfectionnés sans cesse, dus au progrès qui envahissait tout.

M. Béhier posséda les qualités supérieures nécessaires pour remplir ce rôle.

Notre maître avait d'abord, au plus haut degré, la passion de sa profession ; et il savait de plus rendre cette passion essentiellement communicative : durant les 42 ans de services hospitaliers qu'il a remplis, arrivé à l'âge de 63 ans où il s'est éteint, quelques jours après une dernière visite à *son cher Hôtel-Dieu*, il a gardé toujours l'enthousiasme des premiers temps !

D'une nature fort sensible, il était absolument humain et

généreux, et nulle des douleurs qui sont le lot de chacun ici-bas ne frappait en vain son cœur.

Que de délicatesse exquise se cachait sous son enveloppe qui semblait d'abord un peu brusque et qui certainement impressionnait par son air d'autorité! C'est au lit du malade, à l'hôpital surtout, que, par un mot ou un regard, cette transformation se faisait subitement, et qu'il ouvrait des trésors de bienveillance et soulageait au moins quand il n'avait pas pu guérir.

Enfin, il aimait la jeunesse avec passion! La jeunesse, qui était pour lui non-seulement l'image de la vie, avec ses ardeurs, ses emportements, sa franchise complète, mais qui était surtout la terre nouvelle et fertile où, à côté de l'enseignement officiel, l'homme de cœur pouvait semer de grandes et nobles pensées, des idées de tolérance réciproque, de saines notions des devoirs à remplir par chacun.

Il excellait à la réveiller et à l'exciter, s'il la voyait nonchalante et indifférente; à la soutenir dans ses heures de défaillance; et alors quel exemple il savait lui montrer! *Vouloir fait pouvoir*, était la devise à laquelle, lui-même toujours resté fidèle, il la conviait de s'associer.

Il aimait enfin par-dessus tout à enthousiasmer cette laborieuse jeunesse s'il sentait son influence s'accuser en elle, grandir et fructifier.

Le souvenir de ce Maître aimé restera donc profondément gravé dans la mémoire de tous ceux qui ont eu le bonheur de l'approcher, comme l'un des plus encourageants et des plus fortifiants.

Il doit leur rappeler sans cesse avec quel entrain il saluait les succès du début, si difficiles, si décisifs; quelle récompense il disait en tirer pour lui-même et combien ses constants efforts lui paraissaient ainsi suffisamment justifiés.

Hélas! ce sont ces efforts incessants qui ont abrégé ses jours.

Aussi la récompense qu'il demandait de son vivant, ses élèves reconnaissants doivent-ils, s'ils veulent être dignes de lui, la continuer à son souvenir!

Pour nous, le cœur brisé de lui dire le dernier adieu! nous croyons répondre encore au vœu le plus intime de sa pensée en rappelant à ses disciples ces vers émus, inspirés (1) par un maître, illustre aussi, qui venait de disparaître :

> O vous ! qu'il a formés, vous qu'il a soutenus,
> Au monument sacré que la douleur élève,
> Apportez vos lauriers! les palmes de l'élève
> Sont la gloire et l'honneur du maître qui n'est plus!

Adieu! mon maître bien-aimé! que votre grand exemple vénéré par tous et par nous toujours évoqué, soit donc longtemps encore utile — comme l'a été votre vie!

---

(1) Je transcris avec une pieuse reconnaissance ces vers écrits en 1826 par mon bien-aimé père *Félix Liouville*, qui fut lui aussi l'un des Patrons les plus dévoués de la jeunesse et dont la mémoire honorée s'est ainsi perpétuée au Barreau de Paris et dans notre chère Lorraine.

www.ingramcontent.com/pod-product-compliance
Lightning Source LLC
Chambersburg PA
CBHW061628040426
42450CB00010B/2717